Ruth Näf Bernhard

Halte uns im Leben wach

Franziskanische Akzente

herausgegeben von Mirjam Schambeck sf
und Cornelius Bohl ofm

Band 35

RUTH NÄF BERNHARD

Halte uns im Leben wach

Gedichte und Gebete

echter

Herzlicher Dank geht an Marie-Therese Girerd für die sorgfältige Zuarbeit bei den Korrekturen sowie an die Sponsorinnen dieses Bandes, die nicht genannt werden wollen.

Klimaneutral
Druckprodukt
ClimatePartner.com/12514-2303-1012

Der Umwelt zuliebe verzichten wir bei unseren Büchern auf Folienverpackung.

Bibliografische Information der Deutschen Nationalbibliothek

Die Deutsche Nationalbibliothek verzeichnet diese Publikation in der Deutschen Nationalbibliografie; detaillierte bibliografische Daten sind im Internet über ‹http://dnb.d-nb.de› abrufbar.

1. Auflage 2023

www.echter.de

Umschlag: wunderlichundweigand.de
Coverfoto: Elisabeth Wöhrle sf
Innengestaltung: Crossmediabureau, Gerolzhofen
Druck und Bindung: Friedrich Pustet, Regensburg

ISBN
978-3-429-05846-3
978-3-429-05245-4 (PDF)
978-3-429-06594-2 (ePub)

Inhalt

Uns gehen die Worte aus

Ein Interview mit Ruth Näf Bernhard,
von Mirjam Schambeck sf geführt

Uns gehen die Worte aus,
weil es in den gewöhnlichen kirchlichen Feiern nichts mehr zu finden gibt an Tiefem und Lebendigem, das erlaubte, die eigenen Erfahrungen anzulagern und dem Ringen um Leben Ausdruck zu geben.
Uns gehen die Worte aus,
angesichts der Abgründe, die sich auftun und kein Ende nehmen, wenn jeden Tag aufs Neue klar wird, wie kirchliche Amtsträger bis in die Spitze gelogen, größtes Unrecht vertuscht, Betroffene sexualisierter Gewalt gedemütigt und erniedrigt haben, ja selbst Täter geworden sind.
Uns gehen die Worte aus,
wenn queere Menschen von ihren Erfahrungen mit der katholischen Kirche erzählen, wie sie von kirchlichen Strukturen und denen, die sie verantworten und mittragen, diskriminiert, in die Enge getrieben und zutiefst verletzt werden.
Uns gehen die Worte darüber aus,
wie so viel Unrecht von Menschen verübt werden kann, die sich einer Botschaft verschrieben haben, die nichts anderes will als die Würde aller Menschen zu schützen, die grenzenlose Liebe Gottes zu verkündigen und das Leben in seiner Unantastbarkeit zu schützen.

Kein Wunder, dass vielen über so viel Unrecht und Hohlheit kirchlichen Redens die Worte erstorben sind. Was soll man noch sagen? Wo soll man noch hin mit den großen Fragen, die nicht aufhören, weiter zu bohren? Wo finden wir eine Rede, die das aufrichtende Wort zuspricht, das wir uns nicht selbst sagen können? Wo zeigt uns jemand, dass Gott nicht in heiligen Sprachen, sondern in unseren Alltagsworten wohnt? Wären da nicht die Dichter:innen, ich wüsste nicht wohin.

Die Gedichte von *Ruth Näf Bernhard* sind Schreie, Anrufe, Seufzer und Atem zugleich – weil sie in ihrer einfachen Sprache den Dingen auf den Grund gehen und keinen Lebenssplitter auslassen. Sie sind Bitten und Hoffnungen, weil sie in all dem, was das Leben mit sich bringt, Ausschau halten nach diesem Gott, der uns suchen will im Schönen und Beglückenden, genauso wie er sich im Unzumutbaren und Schrecklichen nicht abwendet.

Und ihre Gedichte sind Brücken, nicht über die Abgründe hinweg, sondern mitten durch sie hindurch auf Neues zu, das seine Grenzen nicht in von irgendwem festgelegten Prinzipien findet.

Ruth Näf Bernhards Gedichte laden ein, die Worte und Rhythmen durch die eigenen Lebenserfahrungen hindurch klingen zu lassen und die angetönten Stützen in den eigenen Klangraum hineinzunehmen, damit Neues wird, etwas, das zum Leben hilft.

Frau Näf Bernhard, Sie sind reformierte Pfarrerin und haben so jeden Tag mit vielen Worten zu tun. Wann haben Sie angefangen, Gedichte zu schreiben? Gab es konkrete Anlässe oder Menschen, die Sie motivierten?

Es ist tatsächlich so, dass man als Pfarrerin viel mit Worten zu tun hat. Aber glücklicherweise noch viel mehr mit Menschen. Das hat mich geprägt. Und damit auch mein Schreiben. Ich habe nämlich erst im Alter von 40 Jahren Theologie studiert. Davor war ich als Heilpädagogin und als Paar- und Familientherapeutin tätig. Also stand auch da schon immer der Mensch im Zentrum meines Handelns. Und dennoch war es anders. Gewisse Wörter kamen kaum vor. Gott zum Beispiel. Glaube, Hoffnung, Liebe. Das wäre zu persönlich gewesen in meinem früheren beruflichen Umfeld. Über so etwas zu sprechen, nicht erwünscht. Religiöse Neutralität war gefragt. Es sei denn, das Gegenüber hat mich direkt darauf angesprochen. Und nun war ich also Pfarrerin. Fast über Nacht bekam ich mit Worten zu tun, die ich irgendwie füllen wollte. Füllen musste. Auch für mich. Gnade zum Beispiel. Was mache ich mit diesem Wort im Alltag? Was bedeutet dieses Wort für eine Frau, die geschlagen wird? Was bedeutet dasselbe Wort für einen Mann, der seine Arbeit verloren hat? So sind mit der Zeit Gedichte entstanden. Für diese Frau oder jenen Mann. Ich habe die Texte verschenkt. Habe diese oder jenen gefragt, ob sie sich verstanden fühlen, wenn sie meine Texte lesen. Ihr Nicken war und ist mir Motivation genug, dranzubleiben in meiner Suche nach den richtigen Worten.

Gibt es für Sie Autor:innen, die so etwas wie Vorbilder sind und deren Sprache und Gedanken Ihnen Anregungen geben, selbst die richtigen Worte zu finden?

Seit meiner Jugendzeit habe ich Gedichte gelesen und geliebt. Das erste Gedichtbändchen, das mir jemand geschenkt hat, war eines von Joachim Ringelnatz. Seither sind viele Bücher von ganz verschiedenen Autor:innen dazugekommen. Wilhelm Willms. Dorothee Sölle. Luisa Famos. Hilde Domin. Kurt Marti. Jürg Amann. Nelly Sachs. Rose Ausländer. Paul Celan. R.S. Thomas. Alfonsina Storni. Das sind die Namen, die ich vor mir auf dem Bücherregal sehe. Vermutlich hatten sie alle und noch viele andere Dichter:innen Einfluss auf meine Sprache. Wer von ihnen mich am meisten geprägt hat, das kann ich jedoch nicht sagen. Je nach Lebensphase waren solche oder andere Texte von Bedeutung. Gerade jetzt sind es Gedichte und Prosatexte von Philippe Jaccottet, die mich in ihrer Schönheit und Tiefe bewegen und nähren.

Sie haben erst vor Kurzem einen Gedichtband herausgegeben, in dem Sie einzelne Verse aus allen 150 Psalmen in Ihre Erfahrungswelt einbetten und so neu zum Klingen bringen. Gibt es so etwas wie biblische Lieblingstexte, die immer wieder in Ihrem Denken und Schreiben vorkommen?

Von eigentlichen Lieblingstexten kann ich nicht sprechen. Die Psalmen haben mir jedoch immer viel bedeutet. Deren Poesie hat es mir angetan. Dass ich sie aber „erdichtet" habe, das hatte mit einer eigenen seelischen Not zu tun. Mein Mann war schwer erkrankt. Wir wussten nicht, wie es weitergeht. Ob es weiter geht. Die Psalmen haben mir 150 Tage lang Struktur und Halt gegeben. Das war es, was ich brauchte. Struktur und Halt. Mich einbetten dürfen. Täglich neu. Nahe bei Gott. Und nahe bei allen Menschen über alle Zeiten und Länder hinweg, die schreien, klagen, sich sorgen, aber auch das Danken und Loben nicht vergessen. In der Zwischenzeit sind weitere Gedichte entstanden, die sich ebenfalls auf einen biblischen Text beziehen. Diesmal auf das ganze Lukasevangelium. Wie bei den Psalmen geht es mir auch in diesen Gedichten darum, in den Menschen das abzurufen, was ohnehin schon da ist. Ganz tief drinnen. Und wenn nachher jemand zur Bibel greift und die Psalmen oder das Lukasevangelium selber zu lesen beginnt, dann freut mich das umso mehr. Selber lesen. Selber denken. Alle Zweifel zulassen, die sich beim Lesen ans Tageslicht drängen. Und mit diesen Zweifeln weiter glauben. Was würden wir nicht alles gewinnen dadurch. Als einzelne Menschen. Und als Kirche. Wenn wir aufrichtig zu unseren Fragen stehen könnten und nicht immer gleich alles wieder schönreden würden.

In Ihren Gedichten reden Sie nicht laut von Gott. Oft ist es eher so, dass sein Du im letzten Satz oder gar Wort wie eine Frage daherkommt oder wie ein „Du wirst doch wohl". Können Sie etwas darüber sagen, was für Sie die größte Herausforderung mit Gott ist und was das Beste im Ausschauhalten nach ihm?

Sie haben recht. Die leisere Gangart ist mir lieber. Gott ist mein Du. Das genügt. Ich lebe so eng mit ihm zusammen, dass ich selten eine andere Anrede gebrauche. Ich weiß ja, wen ich mit dem Du meine. Und ich gehe davon aus, dass Gott auch weiß, dass er damit gemeint ist. Du! Darin ist auch alles enthalten, was man gar nicht sagen kann. Weil wir es nicht können. Das ist für mich persönlich die größte Herausforderung mit Gott, zugleich aber auch das Beste und Schönste in meiner Sehnsucht nach ihm. Dass wir es nicht sagen können. Dass wir ihn nicht sagen können. Was wird Gott nicht alles an Eigenschaften zugeschrieben. Unfassbar. Unergründlich. Unaussprechlich. Man könnte vor

Ehrfurcht erstarren und das Wichtigste vergessen: Gott ist nahbar! Ganz da in unserer Nähe. Wir können suchen und finden. Werden gesucht und gefunden. Müssen weiter suchen. Und werden von Neuem gefunden. Ist es nicht etwas Wunderbares, dass es mit Gott nie zu Ende ist?

Sie schreiben hier in der Reihe „Franziskanische Akzente", die franziskanisch-klareanische Spiritualität für heute zugänglich machen will. Franziskus selbst hat sich nicht damit zufrieden gegeben, Psalmen nur zu beten. Er hat sie weitergedichtet, umgeschrieben und mit seinen Erfahrungen vertieft. Spielt die franziskanisch-klareanische Spiritualität für Sie eine Rolle und wo hilft Sie Ihnen, vielleicht neu oder auch anders zu sehen in Bezug auf Gott und Ihr Leben?

Schreiben ist das eine. Tun das andere. Ich maße mir nicht an, über die franziskanisch-klareanische Spiritualität genau Bescheid zu wissen. Doch so, wie ich sie verstehe, hat sie vieles mit meinem Leben und Glauben zu tun. Nicht dass ich es könnte. Aber dass ich es von Herzen möchte. Das Kleine achten. Einstehen für die Gerechtigkeit. Aufstehen gegen Ungerechtigkeit. Gängiges in Frage stellen. Den Menschen in seiner Zerbrechlichkeit lieben. Sich einsetzen für das Überleben der Schöpfung. Und beten. Oft bleibt uns nur das Beten. Meine Gedichte wollen Gebete sein. Auch dann, wenn sie nicht gleich als solche erkennbar sind. Ich bringe Menschen und ihre Nöte vor Gott und sage ihm: Du, schau sie dir an! Schau uns jetzt doch bitte an! Und ich bringe Menschen und ihre Freuden vor Gott und sage mit ihnen: Danke, du! Das Leben ist schön!

Halte uns im Leben wach

Gedichte und Gebete

was
kommen wird
macht manchmal
pause
sonst wäre es
zu früh
bei dir
und du
noch nicht
ganz da

im
anfang
beginnt es
ob ich
will
oder nicht
auf dein
wort hin
mit mir
zu werden

verzeihen
was man
verzeihen kann
lieber einmal
zu viel
als einmal
zu wenig
wie vielen
menschen
sind nicht
auch wir
so vieles
schuldig
geblieben

sie hat
keine arbeit
keine wohnung
kein geld
sie solle
doch sagen
wie sie
sich fühle
auf einer skala
von eins
bis zehn
sie versteht
die frage
nicht

wie mose
im körbchen
treibt er
dahin
wind und wellen
ausgesetzt
schutzlos
bedürftig
wie ein kind
ach dass es
die mutter
wieder fände

im rückblick
siehst du
schon
das licht
das dereinst
wieder
leuchten wird
auch wenn es
jetzt noch
finster ist

beten
lernen
vor ausbruch
der dürre
denn
hunger
hungert
worte
aus

wir brauchen
nicht ständig
frischen wind
um die ohren
nur ab und zu
geduld genug
das flaue laue
auszuhalten
bis wieder
ein leises
lüftchen
weht

ausziehen
und
das glauben
verlernen
bis du
genug weit
von dir
entfernt bist
dass du
das heimweh
wieder
spürst

auf glas
müsste alles
geschrieben sein
auch
von dahinter
zu entziffern
und andersrum
zu verstehen
versucht

geheilt
vom schmerz
nicht mehr
fliegen
zu können
beginnt er
seine füße
zu spüren
und
dankt es
ihnen
mit einem lied

herr
bleibe bei uns
wenn es
nicht morgen
werden will

komm
wir spielen
wörter ersetzen
zum beispiel
angst
durch
vertrauen
du wirst
gewinnen

woher
wohin
warum
wozu
daher
dahin
darum
dazu
beantwortet
sind wir
und
gefragt
gehalten
und
verwiesen

die eigene
endlichkeit
im blick
darüber hinaus
zu glauben
versuchen
am besten
schon gestern
damit beginnen
vertrauen
braucht
zeit

sie
spiegeln sich
nur noch
in trüben
pfützen
und
wundern sich
dass es
nach abschied
riecht

bleibe
daheim
und reise
nach innen
am anfang
verstehst du
vielleicht
kein wort
doch
je länger je mehr
beginnst du
zu ahnen
wer mit dir
gemeint sein
könnte

jedes jahr
lehrt uns
von neuem
wie im leben
sterben
schlummert
und im sterben
leben
hüpft
die drachen
steigen
erst im herbst
lauter bunte punkte
am himmel
noch halten
wir sie
fest

sag uns
doch bitte
lieber gott
wie groß
dürfen
kleinigkeiten
sein
dass sie noch
kleinigkeiten
sind
und wir
uns nicht
unnötig lange
streiten

manche wörter
müssen
warten
und kommen
vielleicht
nie
an die reihe
hoffen wir
lieben
sei nicht dabei

was ich
im leben
bin
und brauche
kann ich
nicht
aus mir selber
sein

wir bitten
um licht
und um geduld
bis es uns
aufgeht
dein licht
das wird

wir bitten
um einen
sicheren ort
für tränen
die nie
geweint sein
durften
und wo sie
doch alle
gezählt sind

sie hatten sich
so auf das kind
gefreut
es wird nie
stehen oder laufen
können
nicht sprechen
und nichts sehen
jede minute
abhängig sein
von menschen
und maschinen
beide weinen
wir schaffen das nicht
wir schaffen das nicht
sie haben es sich
nicht leicht gemacht
auf dem kleinen grab
wacht nun ein engel
er urteilt nicht
ist einfach da
der engel sieht
was wir
nicht sehen

setz dich
wenn du dich
ausgeschöpft
fühlst
zu jener frau
auf den
brunnenrand
sie kann
dir etwas
vom wasser
erzählen
das aus der tiefe
leben bringt

sich
nach einem
glauben
sehnen
der uns
durch und durch
durchdringt
eine neue art
kreuzweh
sozusagen

was uns
verbindet
ist
dein wort
wir sind
ineinander
vertieft

das leben
macht kehrt
mitten
im satz
nur noch
ein bisschen
gott
in den adern
da
wo es
stockt

bevor
der tag
sich schlafen
legt
lädt er
uns ein
mit ihm
zu danken
für das
was war
und in
diesem licht
sich nun
getrost
dem dunkel
der nacht
zu überlassen

wenn du
ganz still
bist
hörst du
es
gott schreit
in dir
nach dir

du darfst
umzäunt sein
und eingehegt
geschützt
und beschützt
es schluchzen lassen
solange die
trauerweiden
hängen
bis sich dann
fast wie von selbst
das tor
zum leben
öffnen will
wenn die schwalben
wieder kommen

manchmal
klopft es
von hinten dir
ganz leicht
auf die schulter
und du hörst
es sagen
gut gemacht
der vater
ist fort
seine stimme
noch da

die frage
ob ein tier
eine seele habe
erübrigt sich
wenn man bedenkt
wie ein tier
ein haus
beseelen kann
zuweilen
ein ganzes
menschenleben

lass dir zeit
ruh dich aus
heute
morgen
immer wieder
gott weiß
um deine
müdigkeit
behutsam
legt er
den arm
um dich
und atmet
mit dir
ein und aus

die wolken
tragen
das blau
damit es
nicht
vom himmel
fällt

es plätschert
das leben
so unaufgeregt
ich bade
meine füße
darin
und
erhole mich
von der
langen reise

in ihrem garten
blüht
eine träne
sie hat
den winter
überlebt
erzählt von
trauer
und von
hoffnung
von einer
unsagbaren liebe
die tief zuinnerst
weitergeht

jeden morgen
von neuem
erwachen
mit dieser angst
es nicht
zu schaffen
bis es wieder
abend wird
du
steh ihnen bei
dass sie
aufstehen können
aufstehen
gott
bitte
wenigstens das

sie haben
kinder
und lieben sie
und würden alles
für sie tun
und kommen
niemals
an ein ende
weil alles nie
zu ende ist
und so
tun sie
tapfer weiter
alles
alles
nur für sie
bis sie
nicht mehr
sicher sind
ob sie
ihre kinder
lieben

aufhören
nach einer lösung
zu suchen
sich ganz
der unmöglichkeit
überlassen
und ohnmächtig
auf ein wunder
warten
weil wunder
nur da
geschehen können
wo es
nichts mehr
zu erwarten
gibt
und ein wunder
ganz unmöglich
scheint

ob
kleinkariert
oder großgemustert
hochnäsig
oder unterwürfig
schmerzerfüllt
oder überglücklich
händeringend
oder schenkelklopfend
dick oder dünn
mann oder frau
oder überall
irgendwo dazwischen
wir alle
wollen doch
nur eins
dass man
uns hört
und uns
versteht
und uns
vielleicht
ein bisschen
liebt

immer
wenn sie
in sorge ist
um ihren
geliebten sohn
geht sie kurz
bei maria vorbei
lächelt ihr zu
kniet vor ihr nieder
faltet die hände
und seufzt
du weißt
maria
lächelt zurück

wie kleine
kinder
im schnee
liegen dürfen
die augen
zum himmel
die arme
bewegen
auf und ab
und
auf und ab
und nach
und nach
zu engeln
werden

unser
denken
müsste
weiter
werden
wollten wir
einen glauben
leben
der
das gütesiegel
trägt

keine
löst knoten
so
wie sie
ich habe
ihr bild
geschenkt
bekommen
es war mir
als vorbild
abhanden
gekommen
nun ist es
erinnert
im leben
zurück
mir mitten
in mein herz
gedrückt

er möchte
nicht länger
vorgeben müssen
der zu sein
für den man
ihn hält
doch
würde er sagen
was er möchte
so müsste er
auf den boden
kommen
auf augenhöhe
leben lernen
den schützenden
raum auf
der kanzel
verlassen

die einen
tun es
die andern
stehen da
schauen zu
schauen weg
und schweigen
und lassen
damit jenen
die es wieder tun
denn sie tun es sicher wieder
die türen offen
getanes unrecht
fortzusetzen
und wer
von allen
ist nun schuld

gott
lehre mich
vor dem tode
zu leben
wie wenn es
aus dem grab
kein entrinnen
gäbe
und dennoch
die hoffnung
nicht zu verlieren
da sei dann
ein engel
der zu ihnen sagt
was sucht ihr
die lebende
bei den toten
sie ist nicht hier

ich bin
so weit
entfernt
von mir
in lebenslügen
verstrickt
du
der du
die wahrheit
bist
bring mich
mir
wieder näher

wenn wir
verschweigen
woran wir
glauben
weil das doch
letztlich
privatsache
sei
hinterlassen wir
letztlich
erinnerungslücken

spuren
suchen
finden
legen
was ist wohl
heute
an der reihe
was hast du
heute
vor mit mir
wenn ich
einen wunsch
frei hätte
was ich
am allerliebsten
wäre
freudenlegerin

es liegt
ein aber
auf seinen lippen
immer
ein aber
die sonne scheint
aber sie blendet
der garten ist schön
aber die schnecken
der wein ist fruchtig
aber zu kühl
immer
ein aber
er kann
nur so
es ist
zum verzweifeln
da höre ich
plötzlich
vom himmel her
wie eine stimme
zu ihm sagt
aber ich liebe dich
dennoch mein sohn

so viele
menschen
brauchen hilfe
so viele
fühlen sich
nicht gebraucht
warum
leben sie
so weit
auseinander
sag mir
warum

dass man
irgendwo
mitreden darf
bedeutet
noch lange nicht
dass man
gehört wird
nur
dass man
uns lässt
man müsste
adam
selber sein
und nicht nur
aus seiner
rippe gemacht
ihm beigesellt
und zugetan

von
jenem tag
bleiben
narben
zurück
in der form
eines kreuzes
nur
du
weißt
warum

aufrichtig
bleiben
wenn wir
uns bücken
warum
wir helfen
hinterfragen
und
ob wir
uns auch
so helfen
ließen
würden wir
am boden
liegen

wie ein baum
vom herbst
durchtränkt
die augen
geschlossen
die arme
ausstrecken
den himmel
mit den fingern
berühren
die pralle reife
der äpfel
spüren
für alle früchte
des lebens
danken
ich bin
was ich bin
weil die wurzel
mich trägt

buch
des lebens
schlüsselblume
dir neue welten
zu eröffnen
du brauchst
nicht alles
zu verstehen
was dich anschaut
will zu dir
lass dich
ergreifen
von der fülle
und nimm
was du brauchst
vielleicht nur
ein wort
ein einziges wort
siehst du es auch
dieses zarte gelb
in deiner seele
beginnt es
zu knospen

unser benehmen
wohlüberlegt
unser reden
wohldosiert
wir halten uns
lieber etwas
bedeckt
sitzen
schwierigkeiten
aus
warten zu
und warten ab
gott wird es schon richten
und bleiben
bekömmlich
für alle
doch
mitmenschlich
sähe anders aus
christlich
hätte mehr profil

sie hält sich fest
am kinderwagen
und schiebt ihn
vor sich her
und spricht und lacht
und scherzt mit ihm
dem kleinen hund
der darin sitzt
er ist
sagt sie
mein ein und alles
kein mensch ist
treu wie er
doch heute
weint sie
morgen auch
mein kleiner bub
ist krank
noch lebt er
frisst er
gott sei dank
ach gott
der wagen
einsam leer
steht er da
vor ihrem haus
bald sieht man
auch die frau
nicht mehr
das licht ist aus

wir ziehen
neue kleider an
demut
sanftmut
und geduld
güte
inniges
erbarmen
liegen vor uns
ausgebreitet
du findest
die kleider
eine nummer
zu groß
gott hat sie
extra weit
gemacht
damit du
in sie
hineinschlüpfen
kannst

all morgen
ist ganz
frisch und neu
die hoffnung
wieder da
auch am
schwärzesten
aller tage
sitzt sie
neben meinem bett
ist lange
vor mir
aufgestanden
damit sie
schon da sei
wenn ich
erwache

in
die gnade
gottes
gestellt
gut begründet
und gegründet
nicht verschont
die fragen
ertragen
für die es
keine antwort
gibt

er findet
die socken
die er
nicht sucht
zwischen
den tassen
die er
nicht braucht
nur das
was er braucht
findet er nicht
das gesicht
seiner frau
erkennt er
nicht mehr

gott
hat uns
den verstand
gegeben
dass wir
uns nicht
betören lassen
sondern
denkend
vorwärts
glauben
das herz
bereit
sich zu
empören

zum
letzten mal
hat er sich
aufgemacht
diesmal
richtung
regenbogen
er sah
nur diesen
einen weg
um in frieden
mit seiner farbe
zu leben

jeden nachmittag
um zwei
spielt er für sich
akkordeon
mit steifen fingern
sucht er
die tasten
übt neue tänze
balkanmusik
so lebensfroh
wie die frau
die mich pflegt
bald hat sie
geburtstag
dann spiel ich
für sie
und nur für sie
denn ihre
augen sind
nebelverhangen
auch dann
wenn sie lacht

ich sehe
gott schmunzeln
bei meiner frage
was aus mir
geworden wäre
hätte ich
damals
das und das
und nicht
so oder so
für mich
entschieden
vielleicht
dasselbe
ein bisschen
anders

das schneeglöckchen
hat ausgeläutet
der igel
noch nicht ausgeruht
ist aus dem winterschlaf
erwacht
die katze
weint
und die meisen
verstummen
wir falten
die hände
mit allen
geschöpfen
und bitten
und klagen
deponieren
die fragen
dann
setzen wir
pflanzen
in gelb und blau

du
der du warst
und bist
und bleibst
musst dich
schon sehr
verändert haben
dass du
uns menschen
noch verstehst
oder waren wir
schon immer
so

zögernd
packt sie
den rucksack aus
vaterschläge
muttergebete
die witze der lehrer
die blicke des pfarrers
hier nochmals gebete
gewalt in ihrer
ersten ehe
die einsame liebe
zu ihrem kind
haufenweise
leere flaschen
und da zuletzt
der bergkristall
von wem
verrät sie nicht
sie formt ihre lippen
zu einem kuss
mit ihm
wird endlich
alles gut
bitte beten sie
für mich

du
hast uns
nicht
festgelegt
damit
dein atem
fließen
kann

ich bin
von deinem wort
durchfreut
hineingeliebt
ins knorrige
leben
das hin
und wieder
blüten treibt
ein wörtchen hier
ein wörtchen dort

sie haben
mit dem
frieden
verstecken
gespielt
und
können ihn
nirgends mehr
finden
wenn nicht
du
dich ihrer
und unser
erbarmst
ehe es
überall
dunkel
ist

neunundvierzig
teddybären
sind
auf ihrem bett
versammelt
sieben wären
meine kinder
vierzehn meine
enkelkinder
urenkel etwas
über zwanzig
schon wieder
eines unterwegs
ich werde also
weiter stricken
nein ich habe
keine kinder
leider gottes nein
doch alle
hände voll
zu tun

wie
wollen wir
fremd sein
verstehen können
ohne
fremd sein
erfahren zu haben
so fremd
dass man
alles vergessen
muss
weil es nicht
auszuhalten ware
sich an das brot
von daheim
zu erinnern

bis zuletzt
geboren
bleiben
zwischen
weihnachtskaktus
und
christusdorn
als kind
meiner mutter
ans fenster
gerückt
den himmel
einatmen
es blüht
so rot

weil
die wege
zu kurz sind
für die zeit
unseres lebens
lässt du
uns manchmal
umwege machen
vierzig tage
durch die wüste
damit es
mit uns
weitergeht

tue mein herz auf
ich bitte dich
dass genug
platz ist
für die freude
für alles helle
hier und heute
lass es mich lassen
dass du es tust
dass du mich auftust
wenn ich es
nicht kann
wo ich es
nicht kann
lass mich
dich lassen
lass mich
dich tun

sag du
es uns
wie soll
das gehen
löchrige herzen
von menschen
stopfen
die sich
von grund auf
unerwünscht
fühlen
nie gewollt
in die welt
geworfen
wie ein ball
ins spiel
der hierhin
oder dorthin
rollen kann
ach
lass es
liebe regnen

halte uns
im leben
wach
mit offenen
sinnen
für das
kleine
und einem
widerspenstigen
geist
der jeder
trägheit
trotzt
und uns
davor bewahrt
mutlos matt
und dumpf
zu werden

unentwegt
hoffnungsfroh
vorläufig
leben
sich einrichten
auch im
unerfüllten
was schwer ist
immer so
hinstellen
dass es sich
verschieben
ließe

und
immer wieder
dieses loslassen
üben
dieser letzte
schubs
verhaltener
schmerz
kind
du kannst es
nun fahr
fahr los

dass
wir uns
immer noch
häuten könnten
mit neugier
jedem tag
begegnen
unerschrocken
schritte wagen
hinfallen
aufstehen
weitergehen
mit jeder
auferstehung
neuland
betreten

heute
habe ich
kinder
gesehen
wie sie mit
vielen bunten farben
wortlos
häuser und blumen
malten
weit weg
von ihren
häusern und blumen
mit ihrer mutter
auf der flucht
die landschaft
zog an uns vorbei
als wäre alles
so wie immer

wo
die seele
zu kurz
kommt
wird
die zeit
schneller
knapp

wie tröstlich
dass gott
mit uns
menschen
weint
doch
dass er
mit mir
auch
luftsprünge
macht
lässt mich
fröhlicher
glauben

Weitere Bücher von Ruth Näf Bernhard

Näf Bernhard, Ruth, Meine Seele läuft barfuss dem Wort hinterher. Das Lukasevangelium in Gedichten gespiegelt, Zürich 2022.

Näf Bernhard, Ruth, Ich liege wach und bin wie ein Vogel. 150 Psalmen – 150 Gedichte, herausgegeben vom TVZ, Zürich 2020.

Näf Bernhard, Ruth, Grund genug, Winterthur 2016.*

Näf Bernhard, Ruth, Vielleicht ist es so, Winterthur 2012.*

Näf Bernhard, Ruth, Und dazwischen ein Schweigen, Winterthur 2009.*

* Diese Bücher können direkt bei der Autorin bezogen werden über: ruth.naef.bernhard@bluewin.ch

Zum Weiterlesen

Amann, Jürg, Lebenslang Vogelzug. Gedichte, Innsbruck 2014.

Ausländer, Rose, Gedichte, Frankfurt a. M. 2005.

Celan, Paul, Die Hand voller Stunden. Gedichte, München 2004.

Domin, Hilde, Gesammelte Gedichte, Frankfurt a. M. 2002.

Famos, Luisa, Poesias. Gedichte, Zürich 2003.

Garhammer, Erich (Hg.), Literatur im Fluss. Brücken zwischen Poesie und Religion, Regensburg 2014.

Jaccottet, Philippe, Die wenigen Geräusche. Späte Prosa und Gedichte, München 2020.

Krüger, Michael, Unter freiem Himmel. Gedichte, Frankfurt a. M. 2007.

Lehnert, Christian, Aufkommender Atem. Gedichte, Berlin 2011.

Marti, Kurt, Zoé Zebra. Neue Gedichte, München 2004.

Sachs, Nelly, Gedichte, Frankfurt a. M. 1999.

Sölle, Dorothee, Den Rhythmus des Lebens spüren. Inspirierter Alltag, Freiburg i. Br. 2001.

Thomas, R. S., Das himmelreimende Kind. Ausgewählte Gedichte, Fuchstal 2013.

In der Reihe „Franziskanische Akzente" sind bisher erschienen:

Bd. 1: Mirjam Schambeck, Nach Gott fragen zwischen Dunkel und Licht
Bd. 2: Helmut Schlegel, Die heilende Kraft menschlicher Spannungen
Bd. 3: Katharina Kluitmann, Wachsen – über mich hinaus
Bd. 4. Cornelius Bohl, Auf den Geschmack des Lebens kommen
Bd. 5: Martina Kreidler-Kos, Lebensmutig. Klara von Assisi und ihre Gefährtinnen
Bd. 6: Nikolaus Kuster, Franz von Assisi – Freiheit und Geschwisterlichkeit in der Kirche
Bd. 7: Herman Schalück, Prophetisch glauben. Aufbrüche in franziskanischer Spiritualität
Bd. 8: Stefan Federbusch, Nachhaltig wirtschaften – gerecht teilen
Bd. 9: Thomas Dienberg, Leiten – Von der Kunst des Dienens
Bd. 10: Anton Rotzetter, Alles auf den Kopf stellen – neue Wurzeln schlagen. Mit Franz von Assisi Schöpfung gestalten
Bd. 11: Helmut Schlegel, Glaubensgeschichten sind Weggeschichten. Die Emmauserzählung als Modell christlicher Existenz
Bd. 12: Nicole Grochowina, Franziskus und Luther. Freunde über die Zeiten
Bd. 13: Jürgen Neitzert, Muslime und Christen. Ein franziskanischer Blick auf den Islam
Bd. 14: Paulin Link, Der Sehnsucht Raum geben. Die Kunst der franziskanischen Wegbegleitung
Bd. 15: Mirjam Schambeck, Unbehauste Heimat. Von der Sehnsucht anzukommen
Bd. 16: Hermann Schalück, Den Gottesfaden erkennen. Die Ernte meines Lebens
Bd. 17: Sabine Pemsel-Maier, Genderperspektiven – neue Blicke auf Klara von Assisi

Bd. 18: Leonhard Lehmann, Vom Beten zur Kontemplation. Hinführung zur franziskanischen Praxis des Verweilens vor Gott

Bd. 19: Udo F. Schmälzle, Wissen, Bildung und Schule neu denken. Zugänge zu einem franziskanischen Bildungskonzept

Bd. 20: Wilhelm Bruners, Gottes hauchdünnes Schweigen. Auf seine Stimme hören

Bd. 21: Burkhard Hose, Es reicht. Auf dem Weg zu einer neuen Kultur des Teilens

Bd. 22: Niklaus Kuster, Spiegel des Lichts. Franz von Assisi – Prophet der Weltreligionen

Bd. 23: Jan Frerichs, Nach der Erleuchtung: Boden wischen. Ein franziskanisches Alltagsprogramm

Bd. 24: Margit Eckholt, Frauen in der Kirche. Zwischen Entmächtigung und Ermächtigung

Bd. 25: Mirjam Schambeck/Elisabeth Wöhrle, Im Innern barfuß. Auf der Suche nach alltagstauglichem Beten

Bd. 26: Heribert Arens/Martino Machowiak, Lebendig alt sein

Bd. 27: Stephan Knobloch, Das Hiersein übertreffen. Der verborgene Gott in der modernen Literatur

Bd. 28: Georg Lauscher, Lebenskrisen und ihre Botschaften. Von Anfängen und Übergängen

Bd. 29: Stephan Sahm, In Würde sterben. Medizinische Ethik zur Sterbebegleitung

Bd. 30: Katrin Bederna, Alles wird gut? Franziskanische Inspirationen zur Klimakrise

Bd. 31: Cornelius Bohl, Vom Geschenk der Dankbarkeit

Bd. 32: Helmut Schlegel, Rückkehr ins Paradies. Vom Glück eines versöhnten Lebens

Bd. 33: Thomas Dienberg, Pilgern als Signatur heutigen Menschseins. Über das Leben als Pilgerreise

Bd. 34: Stefan Federbusch, Von der Zärtlichkeit Gottes. Eine Theologie der Berührung

Bd. 35: Ruth Näf Bernhard, Halte uns im Leben wach. Gedichte und Gebete

Bd. 36: Norbert Lammers/Stefan Diefenbach, Queer in Church Wie ich mir eine divers-bejahende Kirche wünsche

Bd. 37: Johann B. Freyer, Money, money – Franziskanische Reflexionen zu ethisch verantworteten Geldanlagen